GRAVESTONES
Lápidas

Antonio Gamoneda

Translated by
Donald Wellman

Thanks to *Circumference*,
where "The Widow's Dining Room" first appeared.

Printed in the United States of America.

Antonio Gamoneda

Lápidas

ISBN: 1-60801-002-3

ISBN 13: 978-1-60801-002-8

Library of Congress Control Number: 2009927357

Spanish Version Copyright © 1987 by Antonio Gamoneda
Reprinted by Permission

English Version Copyright © 2009 by Donald Wellman

Publication of this work is made possible, in part, by the generous
support of the *Ministerio de Cultura de España, Subdirección General
de Promoción del Libro.*

University of New Orleans Press
unopress.uno.edu

CONTENTS

Translator's Note

In 2006, Antonio Gamoneda, born 1931, received both the Cervantes Prize and the *Premio Reina Sofía*, acknowledging the unique excellence of his poetry. His work is deeply marked by the dark years of the Franco dictatorship and by the early loss of his father, who passed when Antonio was less than a year old. In 1934, mother and son relocated from Oviedo to a working class neighborhood of León, near the rail yards, in an area where the city merges with the agricultural countryside. These locations are fundamental to the poet's images in *Gravestones*. The language, inflected by childhood illness, testifies also to atrocities committed during the Spanish Civil War. Lines of prisoners marched at dawn from the city outskirts, passing directly below the boy's balcony to the cellars or depositories of the ancient monastery of Saint Marcos where many met their end. Of these years, Gamoneda recalled in a recent interview:

> No se me olvida el sabor del hierro oxidado. Al morir mi padre, mi madre aguantó poco en Asturias. Era asmática y los médicos le dijeron que se fuera. El clima la estaba matando. Yo tenía tres años cuando nos instalamos en la casa de mi madrina, mujer de un ferroviario.

> I'll never forget the taste of rusted iron. After my father's death, my mother stayed only briefly in Austurias. She was asthmatic and the doctors told her to leave. The climate was killing her. I was three years old when we moved in with my godmother, the wife of a railway worker (qtd. Javier Rodríguez Marcos in El Pais 07/03/2009).

The fabric of the poetry, the images that feel ordinary on the surface, the walls of poplars that border a watercourse, or a market day in the center of the city are interspersed with traumatic memories: the body of a dead horse or a widow screaming in her grief, naked on the street. In multiple senses the poetry is the verbal analog to Pablo Picasso's *Guernica*, cast as a continual living nightmare.

Gamoneda claims not to have "rational control" over the development of his poems. The language that appears to him carries an insistence requiring elaboration and development; as with music, themes announce themselves and dictate aspects of composition. *Gravestones* is a deeply sonorous book in its development, obscurely precise in the exactitude with which observations are drawn from landscape and from local culture and in the ways it grapples with the trauma of a silenced and suffering people.

With the publication of the *Description of the Lie* (*Descripción de la mentira*), León 1977, Gamoneda broke the silence that confined him in censorship, silence and depression, a silence of 500 weeks as he describes it, . Of that volume the novelist, Julio Llamazares has recently has written,

> Cuando apareció ese libro, Antonio Gamoneda llevaba 17 años sin publicar. Así que, para los jóvenes como yo era, como para la mayoría de los que lo leyeron, Descripción de la mentira supuso todo un descubrimiento. Se trataba de una poesía distinta, hermética, pero bellísima, y, sobre todo, llena de interpretaciones. No hace falta que yo diga que para mí aquel libro sería fundamental.

> When this book appeared Gamoneda hadn't published for 17 years. So for young people like myself then, and for the majority of those who read it, *Description of the Lie* appeared as a complete surprise. It spoke with a distinctive poetry, hermetic but beautiful and, above all, full of meaning. It goes without saying that for me the book was fundamental. (05/25/2007).

Gravestones shares the vocabulary and the imagery to be found in *Description*. Signally it employs the innovations in poetic language and prosody that distinguish Gamoneda's treatment of his difficult subject, long winding prose-like lines (first employed in *Description*), combined with the carefully wrought lyric fragments. The poems address both monumental themes of historical importance and tender themes of love and grief at loss of loved ones, employing a range of vocal registers. *Gravestones* unlocks a body of poetry that continues through the icy cold reaches and burning passions of *Book of the Cold / Libro del frío* and *Losses Burn / Arden las pérdidas*, volumes crucial to the understanding of a healing process that still today is vital for contemporary Spanish culture.

I have tried in my translation to remain true to the pulse of the poem as it presents itself. I have attempted to translate, not interpret the various meanings that the language puts in play. Often Gamoneda's language speaks to me in ways that stir some pre-conscious part of my brain, awakening feelings that look through associations toward compelling immediacies. This is not a mystical nor is it a surreal doctrine. I believe it enacts processes that place perception before meaning and in that sense it is similar to the rhizomatics of Giles Deleuze, reaching back in all likelihood to Spinoza. In my translation I have followed the text of *Lápidas* that is to be found in *Esta luz: poesía reunida, 1947-2004* (Galaxia Gutenberg, Círculo de Lectores, Barcelona 2004). For these remarks I am deeply indebted to the scholarship of Miguel Casado and Daniel Aguirre Oteiza and to conversations with the poet. I also want to acknowledge the careful and loving reading given to each word of my text by Francisca González Arias and by Amelia Gamoneda.

—Donald Wellman

GRAVESTONES
Lápidas

En la quietud de madres inclinadas sobre el abismo.

En ciertas flores que se cerraron antes de ser abrasadas por el infortunio, antes de que los caballos aprendieran a llorar.

En la humedad de los ancianos.

En la sustancia amarilla del corazón.

In the calm of mothers who lean over the abyss.

*In those flowers that closed themselves before they were seared
by misfortune, after the horses had learned to cry.*

In the moistness of the old.

In the yellow matter of the heart.

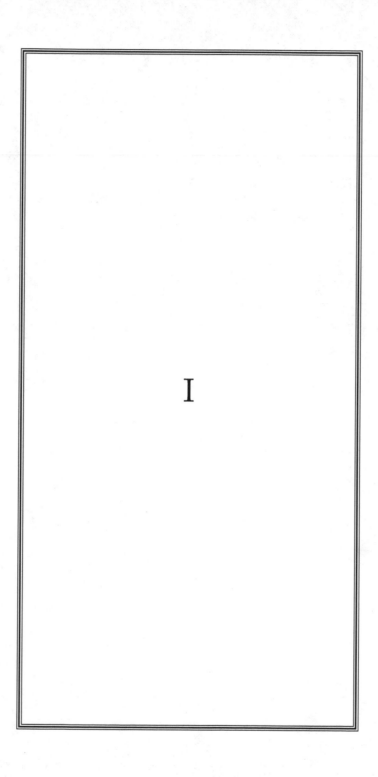

I

GRITOS sobre la hierba y el huracán de púrpura.

Giráis envueltos en banderas y exhaláis con
dulzura.

Obedecéis a ancianos invisibles cuyas canciones
pasan por vuestra lengua.

Ah, jóvenes elegidos por mis lágrimas.

SCREAMS on the grass and the crimson hurricane.

You spin wrapped in flags and you exhale
    sweetly.

You obey invisible elders whose songs pass
    through your tongues.

Oh, youths chosen by my tears.

TRAS asistir a la ejecución de las alondras has
   descendido aún hasta encontrar tu rostro
   dividido entre el agua y la profundidad.

Te has inclinado sobre tu propia belleza y con
   tus dedos ágiles acaricias la piel de la
   mentira:

ah tempestad de oro en tus oídos, mástiles en tu
   alma, profecías…

Mas las hormigas se dirigen hacia tus llagas y
   allí procrean sin descanso

y hay azufre en las tazas donde debiera hervir la
   misericordia.

Es esbelta la sombra, es hermoso el abismo:

ten cuidado, hijo mío, con ciertas alas que rozan
   tu corazón.

AFTER attending the execution of larks you
     went down even until you found your face
     divided between water and profundity.

You have bent forward over your own beauty
     and with your agile fingers you caress the
     skin of the lie:

oh tempest of gold in your ears, bowsprits in
     your soul, prophesies…

But the ants are headed toward your wounds
     and there they procreate without rest

and there's sulfur in cups where mercy ought
     to simmer.

The shadow is slender, the abyss is lovely:

be careful, my son, of those wings that brush
     your heart.

ASEDIADOS por ángeles y ceniza cárdena
   enmudecéis hasta advertir la inexistencia

y el viento entra en vuestro espíritu.

Respiráis el desprecio, la ebriedad del hinojo
   bajo la lluvia: blancos en la demencia como
   los ojos de los asnos en el instante de la muerte,

ah desconocidos semejantes a mi corazón.

BESIEGED by angels and blue ash you grow
  dumb until warned by nonexistence

and the wind penetrates your spirit.

You inhale the scorn, the intoxication of fennel
  in the rain: blank with dementia like the
  eyes of donkeys at the instant of death,

oh, fellow strangers to my heart.

VI LA sombra perseguida por látigos amarillos,

ácidos hasta los bordes del recuerdo,

lienzos ante las puertas de la indignación.

Vi los estigmas del relámpago sobre aguas
   inmóviles, en extensiones visitadas por presagios;

vi las materias fértiles y otras que viven en tus
   ojos;

vi los residuos del acero y grandes ventanas para
   la contemplación de la injusticia (aquellos
   óvalos donde se esconde la fosforescencia):

era la geometría, era el dolor.

Vi cabezas absortas en las cenizas industriales;

yo vi el cansancio y la ebriedad azul

y tu bondad como una gran mano avanzando
   hacia mi corazón.

Vi los espejos ante los rostros que se negaron a
   existir:

era el tiempo, era el mar, la luz, la ira.

I SAW the shade pursued by yellow whips,

bitter to the edges of memory,

linens in the doors of outrage.

I saw the stigmata of lightning on still waters,
    augmentations haunted by foreboding;

I saw fertile substances and others that live in
    your eyes;

I saw the residues of steel and big windows
    for the contemplation of injustice (those
    ovals where phosphorescence hides):

it was the geometry, it was sorrow.

I saw heads meditating on industrial ash;

I saw the weariness and the blue intoxication

and your goodness like a large hand reaching
    toward my heart.

I saw the mirrors before the faces that refused
    to live:

it was the time, it was the sea, the light, the anger.

A LA audición del mundo bajo una piel trabajada
por dedos silenciosos,

a los residuos de la misericordia amordazada por
tráficos civiles, por semanas inmóviles,

el bronce baja como una gran lágrima que antes
hubiera abrasado el corazón de Julio (el
corazón insomne bajo grandes campanas).

Mas las apariciones duermen un sueño del que
sería inútil despertar

y la belleza extiende su aceite sobre estos grandes
durmientes, sobre sus llagas clamorosas

y la pobreza enseña su majestad corpórea

y se advierte la forma del destino.

ON THE world's hearing inside a skin worked
    by silent fingers,

on the residues of compassion gagged by city
    traffic, for unmoving weeks,

the bronze descends like a large tear that once
    might have seared the heart of Julius (the
    sleepless heart under large bells).

But apparitions sleep a sleep from which it
    would be useless to awaken.

and beauty spreads her oil over these huge
    sleepers, over their noisy wounds

and poverty displays her corporeal majesty

and the form of destiny announces itself.

DIME quién eres antes de acercarte más a mi
corazón, tu nombre en la ciudad que existe
detrás de ti,

la que fue joven en tus ojos y aún recuerdas
antes de entrar en los ambulatorios donde la
patria habla a tus sobrinas parturientas.

Dime quién eres entre los grandes brazos de
Jesucristo, en la chaqueta de las madres, en
la dulzura de los hombres cansados;

dime tu edad frente a los muros donde coinciden
Luis y sus dos almas (la que llora y la que
estudia la agilidad de la muerte);

dime tu error y si hay difuntos en tu lengua,

dime tu nombre ante el abismo, Úrsula.

TELL ME who you are before you draw any
     closer to my heart, your name in the city
     behind you,

that girl who was young in your eyes and still
     you remember before entering the clinics
     where the fatherland speaks to your
     nieces in the throes of childbirth.

Tell me who you are in those big arms of
     Jesus Christ, in the maternal robe, in the
     sweetness of weary men

tell me your age facing the walls where Luis
     and his two souls meet (one that cries and
     one that studies the agility of death);

tell me your mistake and if there are dead
     people on your tongue,

tell me your name before the abyss, Ursula·

A LA inmovilidad del gris convocado por un
    pájaro silencioso, bajas llorando.

Hay un mar incesante que desconoce la división
    del resplandor y la sombra,

y resplandor y sombra existen en la misma
    sustancia,

en tu niñez habitada por relámpagos.

UPON THE immobility of gray called by a
  silent bird, you descend crying.

An incessant sea ignores the division
  of brilliance and shadow,

and brilliance and shadow exist in the same
  substance,

in your childhood inhabited by lightning flashes.

OIGO hervir el acero. La exactitud es el vértigo.

Tus manos abren los párpados del abismo.

(Rumor de límites, Chillida)

I HEAR steel simmer. Precision is dizziness.

Your hands open the eyelids of the abyss.

(Whisper of limits, *Chillida*)

PUEDES gemir en la lucidez,

ah solitario, pero entonces líbrate

de ser veraz en el dolor. La lengua

se agota en la verdad. A veces llega

el incesante, el que enloquece: habla

y se oye su voz, mas no en tus labios:

habla la desnudez, habla el olvido.

YOU ARE able to groan with lucidity,

oh solitary man, so then free yourself

to be truthful in sorrow. The tongue

exhausts itself in truth. Sometimes arrives

the incessant one, he goes mad: speaks

and his voice is heard, but not on your lips:

Nudity speaks, forgetfulness speaks.

HIERVES en la erección, dama amarilla,

y éstas son aguas preteridas, líquidos invernales.

Dama en mi corazón cuya luz me envejece:

eres la obscenidad y la esperanza.

YOU SIMMER in my erection, yellow lady,

and these are unacknowledged waters, wintry liquids.

Lady in my heart whose light ages me:

you are obscenity and hope.

EN LA oquedad de Dios, ah paloma viviente, te
 obligué a la lectura del silencio. Y fulgías.

Tú eres corporal en dos abismos,

azul entre dos muertes, entre dos lenguas físicas.

Ah paloma final, va a ser noviembre.

IN THE hollow interior of God, oh living dove,
    I forced you to read the silence. And you glowed.

You are corporeal in two abysses,

blue between two deaths, two physical tongues.

Oh final dove, soon it will be November.

TODOS los animales se reúnen en un gran
 gemido. Oigo silbar a la vejez.

Tú acaso piensas en desapariciones.

Háblame para que conozca la pureza de las
 palabras inútiles.

ALL the animals join in a large groan. I hear
old age whistle.

Maybe you think of disappearances.

Talk to me so I may know the purity of
useless words.

II

DIOS y su máscara. Oyes a los insectos que se
    alimentan en tu alma

y, de pronto, un árbol dice su clamor y arde la
    lengua del olvido

y todo acaba en transparencia, en formas cuya
    verdad no se concede

hasta que las espumas queman el corazón de
    hombres desconocidos y los caballos
    hablan de aquella sangre, de aquel aire
    extinguido en los patios de España,

de aquella tierra sin descanso,

de aquel olvido lleno de sangre.

(Delación del verano)

GOD and his mask. You listen to the insects
that feed in your soul.

and, all at once, a tree is screeching and the
tongue burns in forgetting

and it all ends in transparency, in forms whose
truth does not yield

until lather scorches the heart of unrecognized
men and horses talk about that blood,
about that dead air in the courtyards of
Spain,

about that land without rest,

about that forgetting full of blood.

(Manifestation of Summer)

TÚ EN la tristeza de los urinarios, ante las cánulas de bronce (amor, amor en las iglesias húmedas);

ah, sollozabas en las barberías (en los espejos, los agonizantes estaban dentro de tus ojos):

así es el llanto.

Y aquellas madres amarillas en el hedor de la misericordia:

así es el llanto.

Ah de la obscenidad, ah del acero.

Vi las aguas coléricas, y sábanas y, en los museos, junto a la dulzura, vi los imanes de la muerte.

Te desnudaron en marfil (ancianas en los prostíbulos profundos) y te midieron en dolor, oscuro:

así es el llanto, así es el llanto.

Ten piedad de mis labios y de mi espíritu en los almacenes;

ten piedad del alcohol en los dormitorios iluminados.

YOU IN the sadness of the lavatories, before the
cannulae of bronze (love, love in the humid churches);

oh, you would sob in the barbershops (in the mirrors, the
dying were within your eyes):

so it is to weep

And those mothers, yellow with the stench of
compassion:

so it is to weep.

Oh the obscenity, oh the steel.

I saw choleric waters, bed sheets and, in the museums,
next to the sweetness, I saw the magnets of death.

They undressed you in ivory (old women in the deep
brothels) and they measured you in sorrow, dark:

so it is to weep, so it is to weep.

Have mercy on my lips and on my spirit in the
depositories:

have mercy on the alcohol in the illuminated bedrooms.

Veo las delaciones, veo indicios: llagas azules en tu lengua, números negros en tu corazón:

ah de los besos, ah de las penínsulas.

Así es el llanto;

así es el llanto y las serpientes están llorando en Nueva York.

Así es el llanto.

(Diván de Nueva York)

I see the betrayals, see symptoms: blue ulcers on your
tongue, black numbers in your heart:

oh the kisses, oh the peninsulas.

So it is to weep;

So it is to weep and serpents are weeping
in New York.

So it is to weep.

(Diván of New York)

ERA un tiempo equivocado de pájaros. No existía otra luz que la de una gran sábana cuya urdimbre desconocíamos. La cal hervía amenazada por la sombra y los pasillos conducían al zaguán del miedo. Algunas madres se inclinaban para escuchar el llanto de hijos asidos al delantal sangriento.

El jaramago estuvo dentro de mi boca. La envidia avanza como el aceite sobre cartones amarillos y Juan Galea, con una espuerta de ira, baja despacio a la misericordia.

Hoy es el día del acero; su resplandor entra en los ojos de los muertos. Madre indistinta, líbrame de quien se oculta entre palomas, cubre mi rostro, sálvame del viernes.

(Viernes y acero)

IT was a confused time full of birds. There was no other light than that of a great sheet whose weave we did not recognize. The lye simmered, menaced by shadow, and passageways led to the great hall of fear. Some mothers bent forward to hear the crying of children who clutched the bloody apron.

Bitter cress was inside my mouth. Envy advances like oil on yellow cardboard and Juan Galea, with heavy panniers of anger, slowly succumbs to compassion.

Today is the day of steel; its brightness gleams in the eyes of the dead. Invisible mother, deliver me from one who hides among doves, cover my face, save me from Friday.

(Friday and Steel)

YA NO hay recuerdo de los manantiales. El escultor de sombras hunde sus manos en el silencio: crece el silencio y sus lentos cuchillos entran en los sepulcros.

Ah conducta del viernes:

baja pronto entre cáñamos, asiste a la tortura de animales ciegos; baja, te digo, hasta el lugar impuro. Allí tu hueso corporal descanse.

(Viernes y acero)

NOW there is no memory of the springs. The sculptor of shadows buries his hands in silence: the silence grows and its slow knives cut into the graves.

Oh what happens on Fridays:

sink quickly among the stalks, observe the torture of blind animals; go down, I tell you, unto the place of impurity. May your corporeal bones rest there.

(Friday and Steel)

NO HAY salud, no hay descanso. El animal oscuro viene en medio de vientos y hay extracción de hombres bajo los números de la desgracia. No hay salud, no hay descanso. Crece un negro bramido y tú interpones los estambres más tristes (bajo un sol incesante, en un cuenco de llanto, en la raíz morada del augurio) y las madres insomnes, las que habitan las celdas del relámpago, deslizan sus miradas en un bosque de lápidas.

¿Gimen aún los pájaros? Todo está ensangrentando. Sordo en el fondo de la música, ¿debo insistir aún? Hay vigilancia en los jardines interpuestos entre mi espíritu y la precisión de los espías. Hay vigilancia en las iglesias.

Guárdate de la calcinación y del incesto; guárdate, digo, de ti misma, España.

(Canción de los espías)

THERE'S no wellbeing, there's no rest. The dark animal arrives in the midst of winds and there is a file of men marked with the numbers of misfortune. There is no wellbeing, there is no rest. A black roaring grows and you weave the saddest fibers (under an incessant sun, in a bowl of lament, in the mauve root of augury) and sleepless mothers, those who inhabit cells of lightning, pass their gaze over a forest of stones.

Do birds still groan? All is blood soaked. Deaf at the source of the music, ought I to insist anymore? There is vigilance in the gardens placed between my spirit and the precision of the spies. There is watching in the churches.

Beware of calcination and incest; I say, beware of your very self, Spain.

(Song of the Spies)

¿QUIÉN viene dando gritos por entre calles blancas? ¿Quién anuncia el verano con campanas horribles? Mi corazón escucha a las hormigas; mi corazón escucha la actividad del gran muerto en su eternidad ensangrentada. La sombra entra en los espejos y los mendigos se ejercitan en la delación.

La crueldad enciende sus bujías y arden los párpados de los grandes durmientes. Alguien vierte acónito sobre la lengua que saludaba a los crepúsculos y, en este punto, arden banderas entre laureles.

La esperanza cohabita con el acero. La cobardía es nuestra patria más fecunda. Pero contempla, al fin, al verdadero muerto: se alimenta de una flor infecciosa; aún es esbelto en la agonía; aún en sus labios oigo el gemido que te nombra.

(Suciedad del destino)

WHO comes shouting through the white streets? Who announces summer with ghastly tolling? My heart listens to the ants; my heart listens to the activity of the great dead presence in his bloody eternity. The shadow enters the mirrors and the beggars get training in denunciation.

Cruelty lights its candles and the eyelids of the great sleepers burn. Someone pours nightshade on the tongue that greeted twilight and, at this moment, flags burn among the laurels.

Hope cohabits with steel. Cowardice is our most fertile homeland. But consider, finally, the truly dead: he feeds on a diseased flower; still he is slender in the throes of death; still from his lips I hear the whimpering that names you.

(The Filth of Destiny)

UN SILENCIO de hormigas, un frenesí de esparto. Ah corazón clamando ante los almacenes. Ya no hay sábados; bajas a las iglesias, a los departamentos de la muerte. Y las serpientes pasan sobre las murias derruidas.

Veo la juventud ciega en los atrios, la grasa negra de las negaciones. Fulge tu lengua entre sarmientos y la pureza no se extiende, no deshabita las comisarías. Ah corazón clamando por una tierra sin olvido, por un país donde los pájaros se suicidan al amanecer (como aquel camarada entre la pobreza y el relámpago). Viejo tenaz ante las rastrojeras, viejo que aún lloras sobre llagas fértiles: dame tu látigo y tus lágrimas, no me abandones todavía.

Agonizabas ante los espejos y no arrancaste de tu rostro el rostro frío de tu madre. No te pierdas aún, préstame algo, dame tu incendio, tu piedad estéril, tus zapatos, tus hernias, tus alondras, el huracán de tu melancolía y el gran aviso de tu dedo negro.

Para no morir más de mala muerte.

(León de Tábara)

A SILENCE of ants, a frenzy of esparto grass. Oh heart clamoring before the warehouses. Now there are no Saturdays; you go down to the churches, to the departments of death. And serpents slide over razed walls.

I see blind youth in the halls, the black grease of denials. Your tongue glistens between vine shoots and purity is not spread about, it does not vacate police stations. Oh heart clamoring for a land without forgetting, for a country where birds commit suicide at dawn (like that comrade between poverty and lightning). Tenacious old man before the stubble fields, old man still you cry over fertile ulcers: give me your whip and your tears, don't abandon me now.

You agonized between mirrors and you did not rip from your face the cold face of your mother. Don't get lost now, lend me something, give me your fire, your sterile piety, your shoes, your hernias, your larks, the hurricane of your melancholy and the big warning of your black finger.

So not to die more from miserable death.

(León de Tábara)

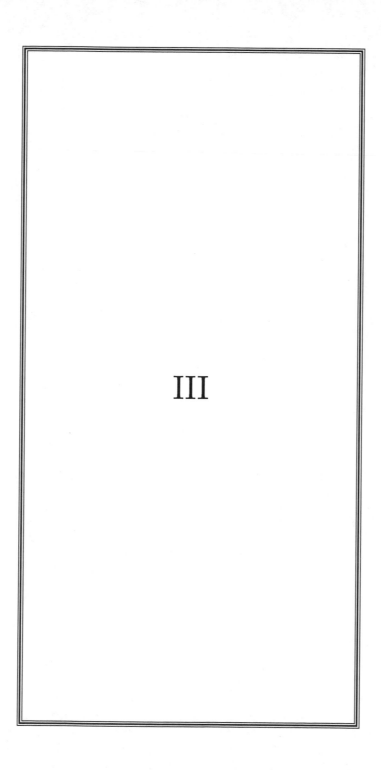

III

AQUEL aire entre el resplandor y la muerte se hace sustancia que no alcanzan a borrar los días y los vientos. El contenido de la edad son estos lienzos transparentes.

Signos exactos e incomprensibles. Están en mí con el valor de una llaga; algunas cifras arden en mis ojos.

THAT air between brilliance and death becomes a substance that days and winds are unable to erase. These transparent linens are the material of the time.

Exact and incomprehensible signs. In me they have the value of a wound; some numbers burn my eyes.

EL CINTURÓN de álamos es oloroso bajo los manantiales de marzo y en los vertederos se insinúan flores lívidas junto a la fermentación de las hogueras subterráneas. Son las flores cándidas y venenosas de los extrarradios y su fertilidad conduce a la infancia, a una población de establos en el camino de Trobajo, donde existía un vértigo azul presidido por el milano y animales muertos entre las sendas y las viñas. Eran los días grandes. Para siempre, la ciudad fue fundada en la claridad del miedo.

THE BELT of poplars is fragrant under the fountainheads of March and in the waste dumps livid flowers insinuate themselves next to the fermentation of subterranean bonfires. They are the white and poisonous flowers of the outlying districts and their fertility leads to childhood, to a crossroads with stables in the road to Trobajo, where a blue dizziness used to exist presided over by the goshawk and dead animals lay between the paths and the vineyards. They were the great days. Forever, the city was founded upon the clarity of fear.

DESDE los balcones, sobre el portal oscuro, yo miraba con el rostro pegado a las barras frías; oculto tras las begonias, espiaba el movimiento de hombres cenceños. Algunos tenían las mejillas labradas por el grisú, dibujadas con terribles tramas azules; otros cantaban acunando una orfandad oculta. Eran hombres lentos, exasperados por la prohibición y el olor de la muerte.

(Mi madre, con los ojos muy abiertos, temerosa del crujido de las tarimas bajo sus pies, se acercó a mi espalda y, con violencia silenciosa, me retrajo hasta el interior de las habitaciones. Puso el dedo índice de la mano derecha sobre sus labios y cerró las hojas del balcón lentamente.)

FROM the balconies, above the darkened doorway, I used to watch with my face glued to the cold bars; hidden behind the begonias; I saw the movement of gaunt men. Some had faces gouged by firedamp, etched with terrible blue threads; others sang to lull a hidden orphanity. They were slow men, exasperated by prohibition and the odor of death.

(My mother, startled eyes, fearful of the creaking of the wooden tiles under her feet, approached my shoulder and, with stealthy violence, pulled me back into the interior of the rooms. She placed the index finger of her right hand over her lips and slowly closed the shutters of the balcony.)

LOS jueves por la tarde se cerraba la escuela y los chiquillos nos reuníamos para una expedición prohibida que se iniciaba sin concluir nunca; quiero decir que nunca llegó a alcanzar el gran árbol prometido, un moral de dulcísimos frutos negros. Pero nosotros íbamos. Atravesábamos las ortigas. En las acequias desecadas había sombra y pedernales, y, en ciertos sitios, herramientas, huellas de labradores enviados por sus madres a territorios innombrables, lejos de la virtud de los fielatos, que entonces eran habitación de los espías.

Pasaban trenes en la tarde y su tristeza permanece en mi.

ON Thursdays they closed the school for the afternoon and we kids would get together for a forbidden expedition that began without ever concluding; I mean to say that it never reached the big, promised tree, a mulberry of sweetest black fruit. Yet we used to go. We crossed the nettles. In the dry ditches there was shadow and flint and, in certain places, tools, tracks of laborers sent by their mothers to unnamable territories, far from the reach of the weigh stations, where at that time the spies lived.

Trains used to pass by in the afternoon and their sadness remains in me.

SUCEDÍAN cuerdas de prisioneros; hombres cargados de silencio y mantas. En aquel lado del Bernesga los contemplaban con amistad y miedo. Una mujer, agotada y hermosa, se acercaba con un serillo de naranjas; cada vez, la última naranja le quemaba las manos: siempre había más presos que naranjas.

Cruzaban bajo mis balcones y yo bajaba hasta los hierros cuyo frío no cesará en mi rostro. En largas cintas eran llevados a los puentes y ellos sentían la humedad del río antes de entrar en la tiniebla de San Marcos, en los tristes depósitos de mi ciudad avergonzada.

LINES of prisoners came by; men heavy with silence and blankets. On that bank of the Bernesga they were regarded with friendship and fear. A woman, exhausted and beautiful, approached with a basket of oranges; each time, the last orange burnt her hands: always there were more prisoners than oranges.

They passed below my balcony and I leaned into the rails whose cold will never leave my face. In long files they were brought to the bridges and they felt the humidity of the river before entering the gloom of San Marcos, into the sad depositories of my chastised city.

ERAN días atravesados por símbolos. Tuve un cordero negro. He olvidado su mirada y su nombre.

Al confluir cerca de mi casa, las sebes definían sendas que, entrecruzándose sin conducir a ninguna parte, cerraban minúsculos praderíos a los que yo acudía con mi cordero. Jugaba a extraviarme en el pequeño laberinto, pero sólo hasta que el silencio hacía brotar el temor como una gusanera dentro de mi vientre. Sucedía una y otra vez; yo sabía que el miedo iba a entrar en mí, pero yo iba a las praderas.

Finalmente, el cordero fue enviado a la carnicería, y yo aprendí que quienes me amaban también podían decidir sobre la administración de la muerte.

DAYS were crossed by symbols. I had a black lamb. I have forgotten his look and his name.

At the confluence near my house, the bushes defined paths that, crossing one another without leading anywhere, enclosed small fields where I took my lamb. I used to play until I was lost in the little labyrinth, but only until silence made the fear well up like a wormhole in my stomach. It used to happen again and again, I knew that the fear was going to penetrate me, but I went to the meadows.

In the end, the lamb was sent to the butcher shop, and I learned that those who loved me could also decide on the administration of death.

LAS carreteras no eran caminos para entrar en la ciudad sino accesos a los establos y las fábricas. Los arrieros del vino anunciaban el día con látigos y blasfemias y las caravanas de cultivadores avanzaban por largos túneles de escarcha. Por la blancura cruzan los carros rebosantes (aquel gemido en nuestras casas, el aura roja de la azucarera y la sirena despertando días, su voz como banderas desgarradas) y los boyeros parameses, ácidos en el amanecer. Cruzan y la melancolía entra en los patios. Pone sus manos en mi alma y, en ese instante, se iluminan pómulos, lágrimas negras de ferroviarios.

THE roads were not highways for entering the city but entrances to the stables and the factories. The carters of wine announced the dawn with whips and blasphemy and the caravans of field workers advanced through wide tunnels in the frost. Overflowing carts cross the whiteness (such groaning in our houses, the red aura of the sugar refinery and the siren starting the days, its voice like ripped flags) and the ox drovers from the moors, bitter in the dawn. They pass and melancholy enters the courtyards. It places its hands on my soul and, in that instant, cheekbones are illuminated, black tears of railroad workers.

JUNIO en los ríos extendidos como sucias espadas. Vi el agua sobre el agua; lluvia sin término sobre las tablas del Bernesga. Aquellas flores en la boca de los adolescentes. Y las hermanas, su alarido en torno a sábanas habitadas por los cuerpos desnudos, sábanas agredidas por uñas sin descanso, blancas entre las manos de los obreros reunidos por la muerte y la lluvia.

(Ésta es la historia de los ahogados ofrecidos a la indiferencia en la latitud del verano, jóvenes amnistiados por el agua bajo la mirada blanca de los asnos.)

JUNE on the rivers extended like dirty swords. I saw water above water; rain without end on the floodplains of the Bernesga. Those flowers in the mouth of adolescents. And the sisters, their howls circling the sheets that held nude bodies, sheets torn by restless fingernails, white between the hands of workers brought together by death and rain.

(This is the story of drowning victims offered up to indifference in the latitude of summer, youth forgiven by the water beneath the blank gaze of the asses.)

CONVOCADA por las mujeres, la madrugada cunde como ramos frescos: cuñadas fértiles, madres marcadas por la persecución. Hay un friso de ortigas en el perfil de la mañana: lienzos retorcidos en exceso por manos encendidas en la lejía y la desesperación.

Y vino el día. Era un rumor bajo los párpados y era el sonido del amanecer. Agua y cristal en los oídos infantiles. Llega una gente traslúcida y sus canciones humedecen las maderas del sueño, humedecen la madera de los dormitorios cerrados a la esperanza.

Siento las oraciones, su lentitud, como serpientes bellísimas que pasaran sobre mi corazón.

(Era el rosario de la aurora en los márgenes de la pureza proletaria, ante los huertos abrasados por los ferrocarriles y los vientos.)

SUMMONED by women, dawn spreads like cool branches: fertile sisters-in-law, mothers scarred by persecution. There is a frieze of nettles in the outline of morning: linen sheets wrung excessively by hands reddened by lye and desperation.

And day came. It was whispering under eyelids and it was the sound of dawn. Water and glass in the ears of children. A translucent people arrive and their songs moisten the wood of the dream, moisten the wood of bedrooms barred to hope.

I feel prayers, their slowness, like beautiful snakes that used to pass over my heart.

(It was the rosary of dawn on the edges of proletarian purity, before the gardens turned black by the trains and the winds.)

PREGONES atravesando esteras, transparentes en mis oídos: el pan, tras un precipicio de aldabas y silbidos; la miel, acarreada en cántaros, oro en la oscuridad; peces fríos entre helechos.

Sílabas en la convalecencia. Y aquella búsqueda de vasijas y cuencos. Eran mañanas indecisas en la declinación del estío y los mercaderes atravesaban el corazón con advertencias de incalculable tristeza: pan y miel.

Astucia tras las estaciones, en el arcén flanqueado por setos polvorientos y yemas rojas, ácidas en los paladares infantiles, negras en la aparición del otoño.

STREET CRIES crossing the rush mats, transparent to my ears: the bread, behind a precipice of latches and whistles; honey, carried in pitchers, gold in the dark; cold fish between ferns.

Syllables during convalescence. And that searching for vessels and bowls. There were uncertain mornings in the declination of summer and merchants pierced the heart with warnings of incalculable sadness: bread and honey.

Conniving behind the seasons, in the roadside flanked by dusty hedges and red buds, bitter to childish palates, black in the apparition of autumn.

UN VIENTO portador de un cuchillo azul restableció la serenidad. De la profundidad campesina se adelantó una música de tambores y metales habitada por una tristeza anterior a los instrumentos.

Húngaros. Como una torre de sarmientos, el gigantesco anciano avanzó precedido por los portadores de la tuba y las grandes pieles percutientes, y una mujer de garganta herida y manos prestigiosas, obediente bajo el azafrán de las túnicas, ofreció inequívocamente su danza a los espíritus antes de que se incorporase el oso enfermo y el pan rodase hasta los pies descalzos. Sacrificial, sacrificial. Ante las puertas de la ciudad nadie leyó las tablas religiosas, nadie acudió a los libros del destino. Fue un día inútil en su majestad.

A WIND carrying a blue knife restored serenity. From the depths of the countryside a music was brought forward, drums and brass inhabited by a sadness older than the instruments.

Hungarians. Like a tower of vine tendrils, the gigantic old man came forward preceded by the tuba and the great percussive skins, and a woman with a wounded throat and famous hands, obedient under the saffron of her tunics, unequivocally she offered her dance to the spirits until the sick bear joined and the bread rolled to her unshod feet. Sacrificial, sacrificial. Before the gates of the city no one read the religious tablets, no one turned to the books of destiny. It was a useless day in its majesty.

LA PROCESIÓN de los asnos retornaba cada tarde de los pedreros abandonados por las aguas. Atravesaba el soto con el paso tenaz del infortunio y los guijarros resonaban en la profundidad de los cuévanos de esparto. Grandes borlas sangrientas y azuladas pezuñas inducían negaciones y signos de festividad. Ante las tiendas, la boca del burrero se abría como una flor negra, coagulada en una sintaxis lejana, alimentada por los noches de cólera en los latifundios.

Los extremeños se alejaban y los niños sentíamos su desaparición como una esfera de silencio, como un ramo de fósforo apagado.

THE PROCESSION of asses returned each afternoon from rock pits abandoned by the streams. It crossed the brushland with the steady pace of misfortune and cobblestones resounded in the deep panniers of esparto grass. Great bloody tassels and bluish hooves led to denials and signs of festivity. In front of the stores, the mouth of the drover opened like a black flower, thickened with a distant syntax, fed by nights of rage in the latifundios.

The Extremadurans went away and we children felt their disappearance like a silent sphere, like a branch of extinguished phosphorous.

AZUL. Pasa la majestad sobre las calles húmedas y la blancura obsede en círculos. Tiembla en las campanillas y en las dalmáticas de los ancianos. Arde el bronce frente a las lonjas y las palomas se levantan sobre la calle de la Misericordia: olor a lino trenzado por manos blanquísimas en los días de adviento; luz en los ojos ungidos por la necedad. De los niños se oía el manantial de la música. Vi presagios adheridos al aire de junio mientras el incienso y la fiebre acudían a las espadañas mojadas. Azul y jueves en la ciudad amordazada.

BLUE. Majesty passes through the damp streets and whiteness obsesses in circles. It quivers in the bells and in the tunics of old men. Bronze burns in front of markets and the doves rise above the Calle de la Misericordia: smell of linen braided by the whitest hands in the days of Advent; light in the eyes anointed with foolishness. From the children was heard the fountain of music. I saw omens pasted to June air while incense and fever drew near the wet bull rushes. Blue and Thursday in the silenced city.

EN LA calle que sube hacía la catedral, bajo rúbricas y veneras modernistas, bajo otras bóvedas invisibles creadas cada mañana por la voz otoñal de Pedro el Ciego, acontecían maravillas frágiles y encarnadas en las manos del vendedor de serpentinas y flautas de cañabrava: sobrevenían don Nicanor y su sonido a infancia; cerca, sobre la opacidad del hambre civil, el olor de las almendras calientes, y, más arriba, el abanico de peines, las estilográficas de las que fluye el liquido de los sueños.

Pedro descansa en la profundidad de otoño y su rostro se enciende en ramos de sol. La luz baja a su corazón y allí permanece desleída en aceites y sombras, en aguas purificadas por recuerdos.

Suavidad de los días, paz del mundo en el corazón de Pedro: pasan las portadoras de hortalizas, pasan los sacerdotes en sus túnicas, y Pedro canta, ronca, y dulcemente, la construcción de las obras públicas, las profecías traicionadas, la graduación de los muertos. Canta bajo las ménsulas y en los soportales. Son noticias de invierno.

IN THE street that leads to the cathedral, under old signage and modernistic insignia, under other invisible vaults created each morning by the autumnal voice of Pedro the Blind, fragile wonders occurred and turned crimson in the hands of the seller of streamers and reed flutes; all of a sudden Don Nicanor and his childhood sounds would arrive; nearby, above the opacity of civic hunger, the smell of hot almonds, and higher, the fan of combs, the fountain pens from which liquid dreams flow.

Pedro rests in the depths of autumn and his face lights up with branches of sun. The light sinks into his heart and remains there dissolved in oils and shadows, in waters purified by memories.

Gentleness of the day, world peace in the heart of Pedro: porters of vegetables pass, priests pass in their tunics, and Pedro sings, hoarse, and sweetly, of the construction of public works, the betrayed prophesies, the ranks of the dead. He sings under the overhangs and in the arcades. The news of winter.

DURA septiembre sobre los cobertizos. Los panaderos se reunían ante los entresuelos lacrados por el sueño y las figuras blancas se avenían a la serenidad de las estrellas hasta que, con la precisión de un cuchillo, sobrevenía el grito del la viuda loca. Inmensos párpados aleteaban en la noche y, más allá, tras el asfalto, en el perfil de láminas lacustres, la voz monotonal de los grandes sapos cavaba tumbas en mis oídos. Una paz policial invadía las carreteras y la noche cundía en las hojas inmóviles y en el aceite de lámparas indecisas, mientras en los campamentos, viejos, largos durmientes esperaban el frío del amanecer.

SEPTEMBER persists upon the awnings. The bakers would meet in front of the mezzanines lacquered by sleep and their white shapes accorded with the serenity of stars until, with the precision of a knife, the scream of the crazy widow erupted. Huge eyelids fluttered in the night and, further off, beyond the asphalt, in the silhouette of watery layers, the monotonal voice of great toads dug tombs in my ears. A policed stillness invaded the highways and night spread among unmoving leaves and in the oil of unsure lamps, while in the encampments, aged, lengthy sleepers awaited the cold of dawn.

VEO el caballo agonizante junto al pozo de aguas oscuras y las gallinas a su alrededor. El rocío afila su pureza bajo los dientes amarillos y el crepúsculo acude a las desiertas pupilas (sombra de las higueras, serenidad de la hierba, profundidad del aire atravesado por vencejos). Veo la espalda de la indiferencia, los corredores destinados a la contemplación del hastío entre las altas begonias, entre las grandes hojas soñolientas. Siento la curiosidad de los perros y la piedad de las mujeres: es el paisaje de la infancia, el olor incorporado a mi espíritu en los accesos de la edad.

I SEE the dying horse beside the well of dark waters and hens in his vicinity. The dew sharpens its purity on yellow teeth and dawn approaches the empty pupils (shadow of fig trees, serenity of grass, depth of the air crossed by swifts). I see the back of indifference, the hallways devoted to the contemplation of tedium among tall begonias, between the large, sleepy leaves. I feel the curiosity of dogs and the piety of women: it is the landscape of childhood, the smell joined to my spirit in the doorways of that time.

ÁLAMOS. El fulgor excede y las distancias son traspasadas por gritos vecinales. Los rebaños desprendidos de la mesta cardan ácidas hierbas bajo un friso de azufre. Oigo las campanas de Villabalter como mastines electrizados por la inminencia.

La osamenta furiosa se abatió sobre los malecones y los huertos. El otoño se alhajaba fosforescente y aquel rebaño tuvo miedo bajo las bóvedas de plomo.

POPLARS. The radiance is too great and spaces are crossed by shouts from the neighborhood. Stray herds from the Mesta comb bitter grasses under a frieze of sulfur. I hear the bells of Villabalter like mastiffs electrified by imminence.

The enraged skeleton banged itself upon the embankments and the orchards. Autumn was donning her phosphorescent jewels and that herd took fright under the leaden vaults.

VEO el dibujo de La Serna: las lejanas columnas bajo el cielo arrasado y aquellas sebes torturadas.

Majestad de marzo ardiendo en el alfoz, dunas de estiércol en los territorios azulados por la sombra, paz en los túmulos agrícolas.

I SEE the sketch of La Serna, distant columns under the devastated sky and those tortured hedges.

The majesty of March smoldering in the villages, dunes of manure in lands turned blue by shadow, peace on the earthen mounds.

EN LOS paseos perezosos hice míos los restos de la pobreza agraria: vi colmenas y púrpura; en los ejidos, vi tormentas de oro y animales ciegos en la contemplación del rocío; vi los laureles suburbiales y, en la pureza de los lavaderos, madres arrodilladas sobre el agua.

Pero, más a dentro, todavía fuera del lugar donde estuvieron las puertas, la ciudad precipita hacia arriba sus vestigios. Es un abismo entre cristales: bragas en la coronación de los taludes; un territorio de blancura profanada por pájaros y lámparas. La lentitud celeste entra en las galerías y su lengua excita a los espíritus; sangra dulcemente entre resplandores y canciones de niñas en los almacenes abandonados.

(Edad, edad en los suburbios: dalias y hortensias sobre las murallas, ropas mortales en los tendederos asistidos por mujeres esbeltas, y los desagües que conducen el líquido azul de la desesperación, entre corambres y geranios, hacia la Beneficencia y los prostíbulos, hasta desaparecer en las mimbreras del Medul).

ON lazy walks I made mine the wreckage of rural poverty: I saw beehives and blood; on the common pastures, I saw storms of gold and blind animals studying the dew; I saw laurels in the outskirts and, in the purity of the laundries, mothers kneeling over the water.

Further within, but still outside of where the gates were, the city hurries up toward its remains. It is an abyss between windows: undergarments in the crowning of the slopes; a region of whiteness sullied by birds and lamps. Celestial languor penetrates galleries and its tongue arouses the spirits; it bleeds sweetly between the shininess and the songs of girls in abandoned warehouses.

(Age, age in the outskirts: dahlias and hydrangeas above the walls, mortal garments on the clotheslines watched over by slender women, and the drainage pipes that lead off the blue liquid of despair, flowing between uncured leathers and geraniums, towards the Hospital and the brothels, until disappearing in the reeds of the Medul).

VIENEN dibujando cúpulas: deshabitan fresnos y se alimentan de gramíneas blancas. Sus alas se abren sobre mi frente como en los días de la enfermedad. Vi la infección en los jardines ciudadanos; vi las locas hormigas sobre algodones ensangrentados y, sin embargo, fue un día alimentado por la dulzura. Una canción se instala en la lentitud y la distancia habla en la música. Lame los cerros polvorientos antes de entrar en mi corazón. Aquella tarde sobre las ciénagas de Armunia puso veneno en mis oídos y una miel negra sobre los andenes de Clasificación. Alguien gimió y los altavoces enmudecieron en el crepúsculo. Una tristeza giratoria acude a la restitución del silencio y las torres arden bajo los pájaros tardíos.

THEY COME outlining cupolas: they vacate the ash trees and feed on white grains. Their wings flutter on my forehead as in the days of my illness. I saw the infection in the municipal gardens; I saw the crazy ants on the bloodsoaked cotton and, despite all, it was a day fed on sweetness. A song occupies the languor and distance speaks in the music. It licks the dusty hills before entering my heart. That afternoon above the wetlands of Armunia poisoned my ears and placed a black honey on the platforms of the switching yard. Someone groaned and the loudspeakers became mute in the twilight. A revolving sadness arrives with the restoration of silence and towers burn beneath the belated birds.

LA CIUDAD mira el sílice de las montañas como una gárgola inmóvil ante los círculos de la eternidad y se rodea de colinas cárdenas en las que el tomillo es abrasado por el invierno.

Siento la espesura fluvial; se manifiesta en sílabas lentísimas. Aún las palomas se pronuncian clamorosas y los ancianos descansan en la cercanía de las acacias coronadas de temblor. Hablan y acrecientan la serenidad de la tarde. A veces, sonríen con un golpe de sol en el rostro y se encienden bajo los encanecidos cabellos. Sus ojos se entrecierran y apenas es visible un filamento de acero y lágrimas. La vejez es blanca.

Un anciano tiene el hombro abatido y dispar; el otro ofrece al sol unas manos grandes cuya piel transparenta largas venas. Hablan con la imprecisión temblorosa de quien es más débil que sus recuerdos; restablecen una paz y un espacio: las eras de la ciudad, los labradores de Renueva, el espesor de los curtientes, la sombra roja de las herrerías.

THE CITY looks at the silica of the mountains like an unmoving gargoyle facing the circles of eternity and it surrounds itself with crimson hills where the thyme is turned black by winter.

I feel the riverine density; it manifests itself in very slow syllables. Still the pigeons squawk and the old men rest near the acacias crowned with trembling. They speak and add to the serenity of the afternoon. At times, they smile with a smack of sun on the face and they light up under their graying hair. Their eyes almost close and a filament of steel is barely visible and tears. Old age is white.

An old man holds his shoulder, bent and uneven; the other one offers the sun his big hands whose skin displays large veins. They speak with quivering imprecision about who is weaker than their memories; they reestablish a peace and a space: the threshing yards of the city, the farmhands of Renueva, the thickness of the cured hides, the red shadow of the forges.

RUMOR de acequias entre los frutos, clamor bajo las gárgolas. Perdido estuve en los mercados, encendido en los rostros reunidos por la voz ferial, ciego en las cintas y en el aroma de los alimentos, confundido en el fondo de la alegría. Lana y silencio en los soportales, flores bajo las logias. Altos lienzos sostenidos por horcas comunales gritan en la paz solar, y un día esférico se abre en vértigos y sombras, en navajas y sombras, sobre costumbres y carriegos. Fluyen monedas y servicios; fluyen las aguas en un río sin nombre, en una rueda sin nombre, en un trafico de suciedad gloriosa, de varón en varón, de mano en mano. Un remolino de labriegos y madres habla el idioma de los huertos, la palabra lastrada de rocío, verde bajo los vientos, hirviente y dulce en los almacenes. Uvas y arándanos en la claridad y, en los días del hielo, el relámpago amarillo de los narcisos florecidos a la sombra de las grandes montañas.

THE RUSTLE of drainage channels between fruit trees, the noise beneath gargoyles. I was lost in the markets, lit up among faces joined in the festival shouting, blinded by ribbons and by the aroma of foods, confused deeply by happiness. Wool and silence in the arcades, flowers under the loggia. Lengths of linen supported by public gallows shout in the sunny peace, and a spherical day opens in dizziness and shadows, in knives and shadows, upon the usual practices and bleaching baskets. Coins flow and services; the waters flow in a nameless river, in a wheel without name, in a passing of glorious dirtiness, from male to male, from hand to hand. A swirl of farm workers and mothers speak the language of orchards, speech charged with dew, green in the breeze, simmering and sweet in the warehouses. Grapes and bilberries in the clarity and, in the days of frost, the yellow lightning of flowering narcissus in the shadow of the big mountains.

LA PLEGARIA conduce a las tiendas del cáñamo, a los lugares donde el vino se alza en reparación. Más allá, fresco en la oscuridad, comienza el vuelo de los grandes cuchillos: grasa y fulgor sobre los mostradores sangrientos. Bellos son los cadáveres azules. Escuchamos hierros y respiramos el olor a sal de peces endurecidos entre espejos, y la sombra es verde delante de nuestros pasos hasta el lugar donde la leche descansa bajo sudarios transparentes. Utilidad de la muerte; frialdad de los animales sacrificados en los patios distantes; sábado bajo los tímpanos industriales.

PRAYER leads to the shops for hemp, to the places where wine is elevated in reparation. Further on, fresh in the darkness, begins the flight of the big knives: grease and radiance on the bloody countertops. Beautiful are the blue cadavers. We hear iron and breathe the salt smell of fish hardened between mirrors, and the shadow is green before our steps up to the place where milk rests under transparent shrouds. The usefulness of death; the coldness of animals sacrificed in distant courtyards; Saturday under industrial drums.

ERA el mercado del silencio. Las enlutadas posaban su patrimonio de quilmas y el día descansaba en la quietud de rostros calificados por sargas y recuerdos más blancos que las legumbres ofrecidas ante los ábsides. Tristes haces de huesos castigados. Callaban con el gesto aprendido en los centenales, bajo el sonido de los vientos. Murmuraban sobre las hernias de los hombres y los relentes venideros antes de recobrar el fardo inútil y regresar, madres del miércoles, al país desolado de los censos.

IT WAS the market of silence. The mourning women were spreading out their patrimony of greasy cloth and the day rested in the quiet of faces identified by serge and memories more pale than the vegetables for sale in front of the apses. Sad heaps of punished bones. They grew quiet with the gesture learned in the rye fields, under the sound of the winds. They murmured about the hernias of the men and the approaching dampness before packing up the useless supplies and returning, mothers of Wednesday, to a country devastated by tributes.

CRECE sobre los pastos invernales. Hacia los terraplenes del Torío, crece sobre las huellas del pastor. Los agrimensores alzan monedas cuyas leyendas fueron borradas por el óxido, tégulas referentes a las legiones de Galba, campanillas azules como las venas bajo la piel amada.

De las carbonerías, la pobreza asciende a los edificios aptos para la proclamación del suicidio y los arroyos retroceden como las víboras ante el incendio. Es la pasión de las inmobiliarias. Ah, como un monte, la melancolía crece en los pastos invernales.

IT grows upon wintry pastures. Towards the embankments of the Torío, it grows upon the shepherd's tracks. The tillers raise coins whose sayings were erased by rust, tiles associated with Galba's legions, blue bell flowers like the veins under beloved skin.

From the charcoal manufactories, poverty rises among buildings disposed for the announcement of suicide and the streams recede like vipers before a conflagration. It is the passion of real estate agents. Oh, like a mountain, melancholy grows in the wintry pastures.

MANOS clavadas en los tímpanos, rostros en la pureza esférica. El crucificado calla en el clamor basilical y las preguntas arden en sus causas. Callar es negación. Ante mis ojos, la Puerta del Perdón está cerrada.

HANDS nailed in the tympani, faces in spherical purity. The crucified man grows silent in the clamor of the basilica and the questions burn with their causes. Silence is denial. Before my eyes, the Portal of the Pardon is closed.

EXISTE el día de la presentación de lamentos: herpes y luz ante los frisos de la murmuración (la sed cruzaba la ciudad bajo crespones y albas; vi las puertas labradas y la corrupción de la esperanza).

No hubo respuesta para las plegarias y el sol hirvió sobre las espigas vacías. La ciudad tuvo noticia de un cinturón de pena, del centeno y la ira más allá de los ríos.

THERE IS a day for the presentation of laments: cold sores and light in front of the friezes of envy (thirst crossed the city under mourning clothes and albs; I saw the carved doors and the corruption of hope).

There was no response to the prayers and the sun simmered above the barren stalks. The city had news of an area of suffering, of the rye and the anger beyond the rivers.

COMO navíos eternizados por la tempestad, el ábside de la catedral se alza sobre San Pedro de los Huertos. En su interior existen una crepitación de oro y una turbulencia azul que desafían el recuerdo de las cebadas blancas bajo el viento de la Valdoncina. Pero la crueldad habita en el exterior, sobre un paisaje jabardeado en túnicas, atravesado por penitenciarios portadores de hilos invisibles. Sucede bajo el temblor de las acacias y los pájaros inferiores.

Éste es el edificio que coronaba la melancolía de Antonio González de Lama, clérigo retirado por sus propios pasos al lugar, más suave, de la muerte.

LIKE ships eternalized by the tempest, the apse of the cathedral rises above San Pedro de los Huertos. In its interior are a crackling of gold and a blue turbulence that defy the memory of pale barley under the wind of the Valdoncina. But cruelty inhabits the outside, above a lanscape swarming with gowns, crossed by incarcerated porters of invisible threads. It happens beneath the trembling of acacias and the small birds.

This is the edifice that crowned the melancholy of Antonio Gonzalez de Lama, a cleric, carried off by his own feet to the place, so gentle, of death.

DE SUS labios manaba una sonrisa incierta y pequeñas palabras que extraían torpemente del corazón. Descendían a la ciudad y en sus manos hervían la suciedad y la ternura. Lentos en la ebriedad, con la luz del desprecio sobre sus rostros, regresaban en los atardeceres. Atravesaban, tras un cinturón de escoria y tomillo, el vertedero de los hospitales.

Sucedieron semanas. La ciudad era hermosa frente a las hogueras del otoño (oro y silencio en el perfil del río), pero las semanas son negras en los ojos de los mendigos. Como un manto mortal, cayó el invierno sobre sus cuerpos.

FROM THEIR lips, an uncertain smile flowed and small words that they extracted clumsily from their hearts. They went down into the city and in their hands filth and tenderness simmered. Slow in their intoxication, with the light of scorn on their faces, they went back in the evenings. They crossed, behind a swathe of trash and thyme, through the rubbish dump of the hospitals.

Weeks passed. The city was beautiful facing the bonfires of autumn (gold and silence in the outline of the river), but the weeks are black in the eyes of beggars. Like a deadly mantle, winter fell on their bodies.

LA COMPASIÓN y la vergüenza pasan sobre mi alma. La memoria desciende a los portales de la maledicencia y allí contempla la cal y los geranios, las ancianas en círculos, el ademán del mariquita que, cada día, maldecido por tres lenguas frenéticas, deposita ciruelas en las manos ávidas. Grandes, dóciles mujeres peinan cabellos aceitados y el calor pesa en sus cuerpos.

El día es grande y la baraja reposa en el halda de las ancianas. Hasta que llega el gavilán esbelto y fúnebre, el portador de discordia. Luego suceden las invocaciones y las blasfemias femeninas. Hay un vértigo de uñas en torno a rostros iluminados por la sangre y una flor desgarrada sobre las baldosas frías.

(Llanto y clavel de las mujeres útiles, llanto en el arrabal de San Lorenzo.)

COMPASSION and shame go through my soul. Memory descends to the gates of malediction and observes the lime and the geraniums there, the old women in circles, the gesticulation of the faggot cursed every day in three frenetic languages, leaves plums in eager hands. Large, docile women comb their oiled hair and the heat weighs on their bodies.

The day is big and the pack of cards rests in the apron of old women. Until the slender and funereal sparrow hawk arrives, the messenger of discord. Next the invocations follow and feminine blasphemies. There is a frenzy of nails around faces illuminated by blood and a torn flower on the cold tiles.

(Lament and blossom of useful women, lament in the outlying barrio of San Lorenzo.)

EL VENDEDOR de sombra aparecía en la hora de la siesta y su voz henchía los portales recién regados. Laurel y orégano entre las manos sudorosas; hierbas secretas para el mal de madre y la infelicidad; venas de cardenillo en las monedas de cobre; percal en torno a las gargantas femeninas. La mercancía convoca a la esperanza y el vendedor aguileño oficiaba sobre los sabores deseados, sobre las calenturas y la cal de los huesos envejecidos: romero y salvia para las grietas de corazón, ruda para los cocimientos de invierno. Los aromas llegaban a los cuerpos y el anís encendía los párpados del vendedor de sombra.

THE SELLER of shadow used to appear at the hour of siesta and his voice filled the newly washed portals. Laurel and oregano between sweaty hands; secret herbs for hysteria and unhappiness; verdigris veins in copper coins; percale around feminine throats. The merchandise stirs hope and the aquiline salesman officiated over sought-after flavors, over fevers and the lime of aged bones: rosemary and salvia for the cracks in the heart, rue for winter infusions. The aromas overtook the bodies and anise lit up the eyelids of the seller of shadow.

EL EQUILIBRIO es ciego sobre la casa de las Carnicerías. La simetría habla en cartelas y dinteles amenazados por la lepra. Conozco las cintas claras de los jóvenes reunidos en el ocio (bajo los hierros, con los párpados pesados y las manos vacías); conozco los geranios inclinados en las tardes de agosto y el mármol en el interior; conozco los cimacios y las miserias de los patios, y las escaleras que conducían hasta la vejez de cierta madre blanca entre las grandes maderas, sutil en las habitaciones atravesadas por sombras, triste en el corredor hasta llorar sobre sus manos (manos también vacías).

Ved los símbolos negros: pesan las flores en el corazón y los habitantes de la ciudad viven en vidas del pasado. (Días clavados dentro de los ojos, lenguas que hablan incesantes, como el hierro en círculos.)

EQUILIBRIUM is blind above the House of the Butchers. The symmetry speaks in brackets and lintels menaced with leprosy. I know the pale ribbons of youth joined in idleness (under the iron grills, with heavy eyelids and empty hands); I know the geraniums leaning on August afternoons and the marble of the interior; I know the curved moldings and the miseries of the courtyards, and the stairs that led to the old age of one white mother between the big rafters, faint in rooms crossed by shadows, sad in the corridor until crying upon her hands (hands also empty).

See the black symbols: the flowers weigh on the heart and the inhabitants of the city live lives of the past. (Days pierced within eyes, tongues that talk incessantly, like the iron in circles.)

VI UNA amistad sin ternura ni nombre: los de la carne y los de la madera, los que vestían muros con los colores de la ira, los que encendían el acetileno.

Al formarse las sombras, sobre los mármoles y sobre las tablas olorosas a lejía cesaban el vértigo de los andamios, el aliento venenoso de la soldadura; con grandes manos alcanzaban los vasos purpúreos y el vino ardía en el rostro de los obreros.

I SAW a friendship without tenderness or name: those of meat and those of wood, those that clothed walls with the colors of anger, those that ignited the acetylene.

The shadows in taking form on the marble and on the tables smelling of bleach put an end to the dizziness of the scaffolds, the poisonous breath of welding; with big hands they reached for bloodred glasses and the wine burned in the faces of the workers.

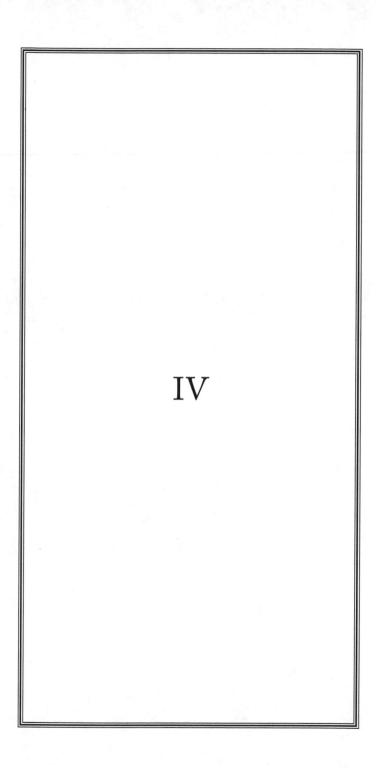

IV

Aviso negro

Nada se esconde al gavilán inmóvil; arden sus ojos amarillos

y ésta es su narración: aguas enfermas, mendicidad de rostros
invisibles.

No hagas incesto en los armarios; guárdate: albergan asma,
atribución, espíritus,

quizá días y alas desesperadas.

Siéntate ya a contemplar la muerte.

BLACK ADVICE

Nothing hides itself from the immobile sparrow hawk:
   his yellow eyes burn

and this is his story: diseased waters, the mendacity of
   invisible faces.

Don't commit incest in the wardrobes; be on guard; they
   shelter asthma, attribution, spirits,

maybe days and hopeless wings.

Sit now and gaze on death.

Relación del prostíbulo

Vi la solicitud de las ancianas

y sus agujas; las tinieblas

y la humedad de sus medallas.

Era jueves sin padre, jueves sólo.

No había nadie en el espejo. Vi

cánulas y, tras el crepúsculo,

a las gallinas en la eternidad.

Dios se cansó de la tristeza

y no quiso existir. Aquella tarde

fue la única tarde de mi vida.

ACCOUNT OF THE BROTHEL

I saw the solicitude of the old women

and their needles; the gloom

and the damp of their medals.

It was a fatherless Thursday, only Thursday.

There was no one in the mirror. I saw

cannulae and, behind the twilight,

the hens in their eternity.

God wearied of the sadness

and he refused to exist. That afternoon

was the only afternoon of my life.

El comedor de las viudas

Ves pasar el invierno y, en las habitaciones cóncavas, bajo los grandes decimales, suda la plata funeraria.

Ah las cucharas: ésa es tu audición cuando el azúcar hierve;

ah las cucharas en el corazón seducido por las alondras de la muerte.

THE WIDOWS' DINING ROOM

You see winter pass and, in the hollow rooms, under the
  large decimals, the funereal silver sweats.

Oh the spoons: that is what you hear when the sugar boils;

oh the spoons in the heart seduced by the larks of
  death.

Ventana húmeda

Ésta es una ciudad desconocida y llueve sin esperanza.

No hay memoria ni olvido y el error es la única existencia.

¿Quién me ama en esta ciudad desconocida?

MOIST WINDOW

This is an unknown city and it rains without hope.

There is neither memory or forgetting and only error exists.

Who loves me in this unknown city?

AQUELLOS CÁLICES

*¿Quién habla aún al corazón abrasado cuando la cobardía ha
puesto nombre a todas las cosas?*

Silba el adverbio del pasado. El cobre silba en huesos juveniles,
pero es el día del invierno. Alguien prepara grandes sábanas

y restablece la oquedad. Sólo hay sustancia azul
de desaparecidos.

Aquellos gritos. Y las banderas sobre nosotros.

Ah las banderas. Y los balcones incesantes: hierros entre la luz,
hierros más altos que la melancolía, nuestro alimento.

Cae

la mascara de Dios: no había rostro.

¿Quién habla aún al corazón amarillo?

Those chalices

*Who speaks still to the burning heart when cowardice has
given names to all things?*

The adverb of the past whistles. The copper whistles in young
bones but it is the day of winter. Someone prepares
enormous sheets

and reestablishes the hollow space. There is only the blue
substance of disappeared ones.

Those shouts. And the flags above us.

Oh the flags. And the incessant balconies: iron rails in the
light, rails taller than melancholia, our food.

The mask

of God falls: there was no face.

Who speaks still to the yellow heart?

LLEGAN LOS NÚMEROS

En tus dos lenguas hoy estuve triste;

en la que habla de misericordia

y en la que arde ilícita.

En dos alambres puse mi esperanza.

Estoy viendo dos muertes en mi vida.

The numbers arrive

In your two languages I felt sad today:

in that which speaks of compassion

and in that which burns illicit.

In two metal wires I placed my hope.

I am seeing two deaths in my life.

Tango de la misericordia

Es la última lana de mi vida;

hay azúcar, amor, hay vigilantes

en las arrugas de mi corazón

y aún eres pobre dulcemente en mí.

Tango of compassion

I have spent my last nickel;

there is sugar, love, there are watchers

in the wrinkles of my heart

and still you are sweetly poor in me.

Tango de la eternidad

Ávida vena, dame tu cordel.

Quien tiene miedo quiere entrar en ti,

víspera negra. Y en los patios canta,

tonta, la eternidad.

                          Este semana

no dejes de venir, ávida vena:

ya no hay semilla, Dios no tiene esperanza.

Tango of eternity

Hungry vein, undo your string.

He who is afraid desires to go into you,

black eve. And eternity sings,

foolish, in the courtyards.

This week

don't fail to come, eager vein:

already there is no seed, God has no hope.

SÉ PACIENTE en tus uñas, ah cadáver que duermes esta noche
   en mis párpados, ten salud, ten piedad;

ah, sé hábil, habita suavemente la sombra,

calla en mis labios, entra en mis anillos.

BE PATIENT in your nails, cadaver, you who sleep
  tonight in my eyelids, be well, have pity;

ah, be skillful, inhabit the shadow softly,

be quiet on my lips, enter into my rings.

SOY el que ya comienza a no existir

y el que solloza todavía.

Qué cansancio ser dos inútilmente.

I AM he who already begins not to exist

and who still sobs.

What weariness to be uselessly two.

AH VEJEZ sin honor. Y los adverbios

depositándose en mi alma.

(Lágrimas en los vasos prohibidos,

mariposas ávidas.)

Sé de la furia del pastor; viene apartando ramas

y ya es de noche.

                    Los adverbios

están cansados en mi alma.

OH OLD AGE without honor. And the adverbs

depositing themselves in my soul.

(Tears in the forbidden cups,

hungry butterflies.)

I know the shepherd's rage, he comes parting branches

and it is already night.

                    The adverbs

grow weary in my soul.

LOS inocentes son seducidos en los patios y las vecinas hablan de la resurrección de la carne.

Mis hijas lloran en sus manos y su llanto es verde.

¿Qué día es éste que no acaba?

THE innocent are seduced in the courtyards and the neighbor women speak of the resurrection of the flesh.

My daughters cry into their hands and their lament is green.

What day is this that does not end?

EDAD, edad, tus venenosos líquidos.

Edad, edad, tus animales blancos.

AGE, age, your poisonous liquids.

Age, age, your pale animals.

ÍNDICE

INDEX

IV

Antonio Gamoneda was born in Oviedo, Spain, in 1931. His father, also a poet, died soon after, and he moved with his mother, Amelia Lobon, to León. In León, with schools closed due to the Spanish Civil War, he became literate by reading, on his own, his father's book.

He began working as a messenger in the Banco de Comercio at the age of fourteen, and remained an employee of the bank until 1969. Though active in the intellectual resistance to the Franco regime, he did not publish his first book, *Sublevación inmóvil (Motionless Revolt)*, until 1960.

After the death of the dictator Francisco Franco and the beginning of the "transición" Gamoneda published *Descripción de la mentira (Description of the Lie)*, (León 1977). Next came *Lápidas* (Madrid, 1987) and *Edad (Age)*, which collected all his poetry through 1987 and won the National Prize for Literature in Spain. In 1992 he published *Libro del frío (Book of the cold)*, and in 2000 *Frío de límites (Cold of Limits)*, a work in collaboration with Antoni Tàpies, appeared.

In 2006 he was awarded the Reina Sofia Award and the Cervantes Prize, the highest honor in Spanish literature. He has also been awarded the Gold Medal of the city of Pau, the Silver Medal of Asturias, the "Lete" Gold Medal of the Province of León and the Gold Medal of the *Círculo de Bellas Artes*.

Donald Wellman is a poet, essayist and editor. Recent books of poetry include *Prolog Pages* (Ahadada, 2009). Other books are available from Mudlark and Light and Dust. For many years he edited the O.ARS series of anthologies, devoted to topics in postmodern poetics, including a volume entitled *Coherence* and a series entitled *Translations: Experiments in Reading*. He has translated the poetry of Emilio Prados, Antonio Gamoneda and Yvan Goll, among others. He teaches writing and cultural studies at Daniel Webster College.